CLARK BOOKS

エルムブックレット1

北海道大学
発展の歴史とSDGs

北海道大学理事・副学長
横田 篤

JN011888

札幌農学同窓会

本書は、二〇二二年六月一九日に北海道大学学術交流会館で行われた「第一〇回 新渡戸稲造と札幌遠友夜学校を考える会 記念フォーラム」の基調講演「北大発展の歴史とＳＤＧｓ」をまとめたものです。

目次

協力：北海道大学サステイナビリティ推進機構

北海道大学発展の歴史とＳＤＧｓ

講演中の著者

第一章

ＳＤＧｓに対する北海道大学の基本方針

はじめに

二〇二二年四月、北海道大学は「THEインパクトランキング2022」において総合ランキング世界一四〇六大学中一〇位、国内では一位という評価を受けました。このランキングは「タイムズハイヤーエデュケーション(THE)」という高等教育情報誌を発行しているイギリスの会社によって二〇一九年に開発されて以来、毎年発表されているものです。国連のSDGs(持続可能な開発目標〔Sustainable Development Goals〕)の枠組みで大学の社会貢献度を測ることを目的としていて、参加校は第一回の二〇一九年度では四六〇校程度でしたが、うなぎのぼりに増え、二〇二二年度では一四〇六校です。このランキングの注目度がいかに高いかがよくわかります。

SDGsとは、二〇一五年に国連総会で採択され、「持続可能な開発のための2030アジェンダ」に記載された、二〇一六年から二〇三〇年の一五年間に取り組む一七の国際目標の全体のことです(図1)。目標の達成を通して誰一人として取り残されない社会を目指しています。なお、個々の目標を指して「SDG」とも言います。

北大は第一回の二〇一九年以降、徐々に順位を上げ、二〇二二年には三年連続国内一位の栄誉とともに、ＳＤＧの二番「飢餓をゼロに」という目標において世界一位という素晴らしい評価を得ました。

この成果は降って湧いたものではありません。北大が設置された経緯やその後の発展の歴史に、こうした成果につながる背景があります。また、近年、サステイナブル（持続可能）な大学運営が計画的に進められてきたことの結果でもあります。

相互にリンクする一七の目標

ＳＤＧｓに取り組む際に重要なのは、持続可能な開発は「経済」「社会」「環境」の三側面を調和させることであり、ガバナンス（管理するための組織や方法）が必要であるという認識です。このことをもっともわかりやすく

講演の様子

4 質の高い教育をみんなに
5 ジェンダー平等を実現しよう
6 安全な水とトイレを世界中に
10 人や国の不平等をなくそう
11 住み続けられるまちづくりを
12 つくる責任つかう責任
16 平和と公正をすべての人に
17 パートナーシップで目標を達成しよう

図1　SDGsの17の目標

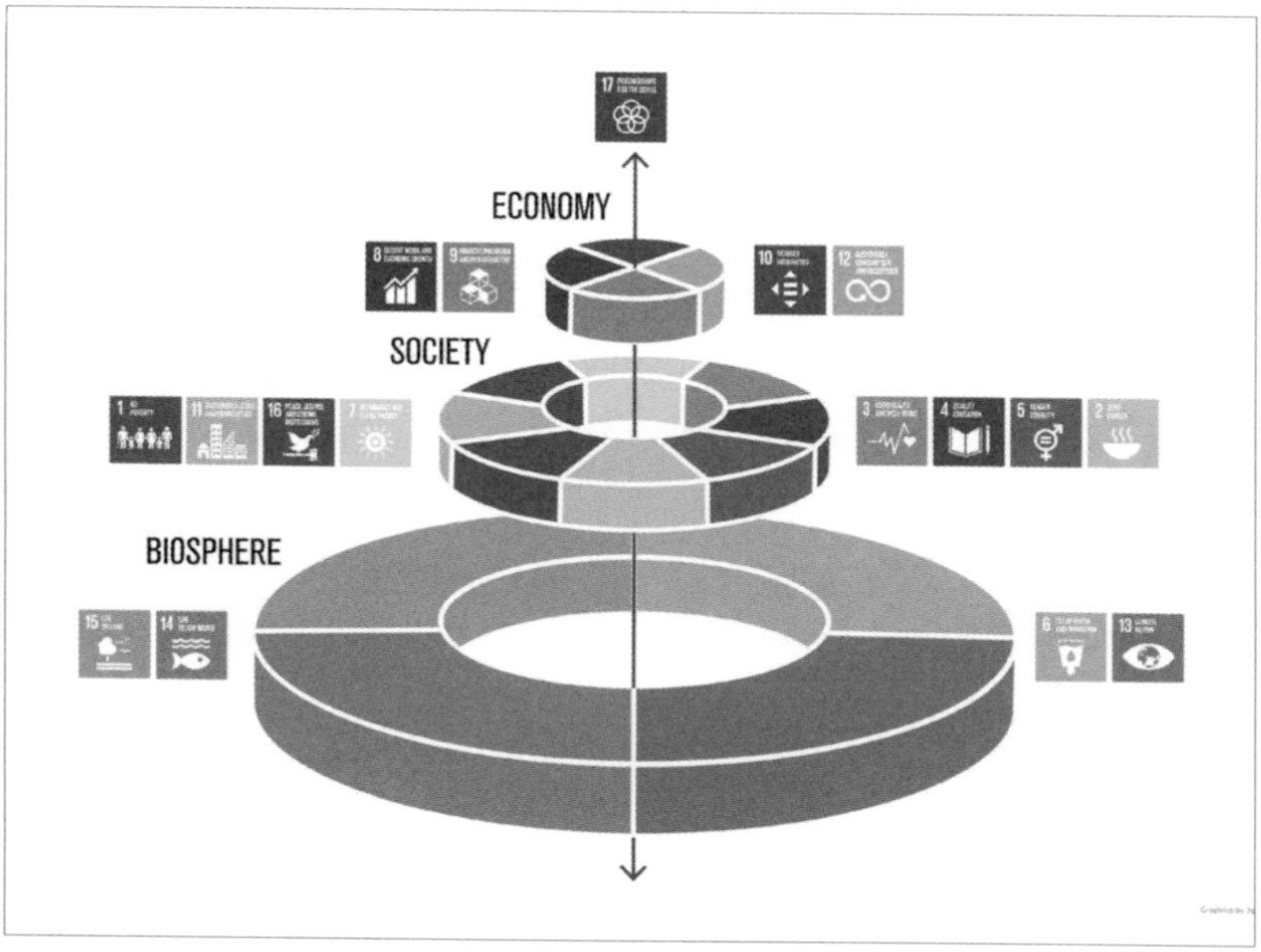

図２　ウェディングケーキ型の表現図（イラスト：Jerker Lokrantz/Azote）

示すことができるのは〝ウェディングケーキ型〟という表現でしょう（図2）。いくつもの段が重なってできているウェディングケーキのように、まずは「生物圏」の目標があり、その上に「社会圏」や「経済圏」の目標が乗っているというイメージです。要するに、「自然環境」がしっかりしていなければ「社会」や「経済」は成り立たないということです。

したがって、一七の目標は独立しているのではなく、相互にリンクしているのです。一三番の「気候変動に具体的な対策を」という目標が達成されれば、他の目標の七、八割は解決すると言われています。

大学に求められる姿

今、大学はＳＤＧｓとどのような関係に

あるのでしょうか。

大学はもともと教育と研究を行う場所です。その成果をもって科学技術イノベーション（革新）を起こし、ステークホルダー（利害関係者）との協働によってこの世界や地域の課題を解決していくことが求められています。課題とは、たとえば脱炭素社会の実現、あるいは少子高齢化や人口減少、産業衰退の解決といったもので、多くはＳＤＧｓの目標や達成基準にも含まれています。その意味で、大学はＳＤＧｓの達成に貢献しうる場所と言えるでしょう。

その際のステークホルダーは、受験生や企業、地方自治体などです。受験生に関して言えば、二〇二二年に変更された高校の学習指導要領には、「持続可能な社会の創り手の育成」という目標が明記されています し、企業に関して言えば、近年、ＥＳＧ投資（環境〔Environment〕・社会〔Social〕・ガバナンス〔Governance〕に配慮している企業への投資）が重視されるようになったことで、生存戦略の観点からもＳＤＧｓを強く意識した経営が求められています。また、地方自治体では、とりわけ少子高齢化や人口減少、地方経済の低迷といった問題への解決策が求められています。

ＴＨＥインパクトランキングの四つの指標と評価方法

世界にはさまざまな〝大学ランキング〟があります。通常、研究面での評価は、「外部資金をどれだけ集めてきたか」とか、「論文をどれだけ発表しているか」などが指標とされています。

一方、THEインパクトランキングでは、その名の通り、大学が社会にどの程度影響を及ぼしてきたかという〝インパクト〟が主な指標とされています。しかし、研究の状況がまったく評価されないわけではありません。「研究」「教育」「スチュワートシップ」「アウトリーチ」の四つの観点でランキングが構成されています。

「研究」は、SDG別の論文の数で評価されます。つまり、その大学からSDGsに関連する論文がどれだけ発表されているかが測られます。「スコーパス」（学術雑誌記事の書誌データベース）上のデータがカウントされます。

「教育」は、SDGsを達成するための実務家を育成し、サステイナビリティ（持続可能性）に関するキャリア構築をすることにどれほど貢献しているかが測られます。

「スチュワートシップ」は、学生や教職員の重要な資源の管理者としてどのように行動するかという大学のポリシーに関する観点です。大学が発表している宣言や計画の内容などを参考にして、大学の方向性をさまざまな点から評価しているそうです。

「アウトリーチ」は、地域や国内外のコミュニティとの協同作業をどれだけこなせているかという観点です。独りよがりに研究ばかりするのではなく、地域社会や多様なステークホルダーと関わって大学の責任を果たしているかが検討されます。

こうした四つの観点を基にSDGごとにスコア算出を行い、SDGの一七番の「パートナーシップで目標を達成しよう」と、その大学が高いスコアを得たSDGの上から三つが総合ランキングの評価対象になります。北大の場合、二〇二二年度は、SDGの二番の「飢餓をゼロに」、九番の「産業と技術革新の基盤をつくろう」、一五番の「陸の豊かさも守ろう」の評価が加味されています。

二〇一九年度は、北大は総合ランキングで国内の参加大学四二校のうち四位でした（表1）。世界順位は真ん中ぐらいです。この年は評価基準が現在とは異なり、北大の得意分野であるＳＤＧの二番、一四番、一五番についての評価はされていませんでした。

二〇二〇年度にすべてのＳＤＧが評価されるようになり、北大は国内一位、世界でもトップ一〇パーセント以内に入りました。このときに「北大はＳＤＧｓに〝強い〟のかもしれない」という自覚が関係者の中に芽生えました。

そして二〇二一年度も北大は国内同率一位になりましたが、世界順位は少し下がって一〇一～二〇〇位でした（二〇一位以降の大学は個別の正確な順位が発表されません）。

ところが今年、参加大学が一四〇六校と増えたにもかかわらず、世界一〇位という目が覚めるような結果が出たのです（表2）。まさに快挙で、私も本当にびっくりしました。ただ、一七の目標のうち、一二の目標にエントリーしましたが、「貧困をなくそう」「質の高い教育をみんなに」「ジェンダー平等を実現しよう」「働きがいも経済成長も」「人や国の不平等をなくそう」の五つにはまだ参加できていません。総合大学の責任として、今後はこうした苦手な目標にもチャレンジしていかなければならないと思っています。

表1　「THEインパクトランキング」2019～2022総合ランキング国内上位

2019	国内順位	1	2	3	4
	世界順位	48	52	91	101～200
	大学名	京都大学	東京大学	慶應義塾大学	千葉大学 北海道大学 金沢大学 名古屋市立大学 大阪大学 創価大学 東京工業大学 宇都宮大学 山口大学 横浜市立大学
2020	国内順位	1	2	3	4
	世界順位	76	77	97	101～200
	大学名	北海道大学	東京大学	東北大学	広島大学 京都大学 立命館大学 筑波大学 早稲田大学
2021	国内順位	1	8	12	
	世界順位	101～200	201～300	301～400	
	大学名	広島大学 北海道大学 京都大学 岡山大学 東北大学 東京大学 筑波大学	慶應義塾大学 名古屋大学 大阪大学 立命館大学	神戸大学 三重大学 信州大学 徳島大学 東京理科大学 早稲田大学	
2022	国内順位	1	2	3	8
	世界順位	10	19	101～200	201～300
	大学名	北海道大学	京都大学	広島大学 慶應義塾大学 神戸大学 東北大学 筑波大学	熊本大学 九州大学 名古屋大学 岡山大学 大阪大学 立命館大学 早稲田大学

表2 「THE インパクトランキング2022」
総合ランキング世界上位

順位	大学名
1	ウェスタンシドニー大学（オーストラリア）
2	アリゾナ州立大学テンピ校（米国）
3	ウェスタン大学（カナダ）
4	キング・アブドゥルアズィーズ大学（サウジアラビア）
4	マレーシア科学大学（マレーシア）
6	オークランド大学（ニュージーランド）
7	クィーンズ大学（カナダ）
8	ニューカッスル大学（英国）
9	マンチェスター大学（英国）
10	北海道大学
11	アルバータ大学（カナダ）
12	ビクトリア大学（カナダ）
13	ブリティッシュコロンビア大学（カナダ）
13	慶北大学（韓国）
15	シドニー工科大学（オーストラリア）
16	チュラロンコーン大学（タイ）
16	ゲルフ大学（カナダ）
18	インドネシア大学（インドネシア）
19	グラスゴー大学（英国）
19	京都大学
19	ラ・トローブ大学（オーストラリア）

土地や空間の利用法を定めたキャンパスマスタープラン

北大は、札幌駅のすぐ北側に美しく広大な一七七ヘクタールの札幌キャンパスを持っています。また、大通公園の近くには一三ヘクタールの植物園もあります。実は、札幌キャンパスは札幌農学校時代の農場の跡地です。かつて北大は農場を八つ所有していて、それが現在の広いキャンパスにつながっているのです。

しかし、広いとはいえ、野放図に使っていては美しいキャンパスにはなりません。北海道大学は、二〇二〇年一〇月に現在の執行部ができ、寳金清博《ほうきんきよひろ》総長のもと、運営に取り組んできました。世界の課題解決に貢献しＳＤＧｓを達成する大学として、土地利用についてもＳＤＧｓの考え方を大切にしています。

北大では、「キャンパスマスタープラン」という方針に沿って運営が行われ、土地や空間の利用に関する事柄もこの中で定められています。これは国立大学としては最も早い一九九六年度に定められたもので、二〇〇六年と二〇一八年に改定しています。

そして二〇一三年、キャンパスマスタープランが計画通りに運用されているかどうかをチェックする、いわゆるＰＤＣＡサイクルを回すために、「サステイナブルキャンパス評価システム」（ＡＳＳＣ〔assessment system for sustainable campus〕）を作りました。これは大学の活動を一般的かつ総体的に捉え、キャンパスのサステイナビリティ実現に必要な素地を評価基準として洗い出したアンケート形式の評価システムで、「運営部門」「環境部門」「教育と研究部門」「地域社会部門」の四部門からなり、これらの部門の下に合計一七〇個の評価基準が配置されています。なお、北大が独自開発したこのシステムを利用して、現在一三〇の大学がそれぞれのキャンパスの評価を行っています。そしてこれらの大学が集まって「CAS-Net JAPAN」という組織を作り、二〇二二年四月に一般社団法人化しました。

サステイナビリティへの意識の高まり

二〇〇〇年前後に国連でサステイナビリティが取り上げられるようになると、次第に社会全体がサステイナビリティを意識するようになっていきました。北大も二〇〇五年に「『持続可能な開発』国際戦略（ＨＵＩＳＤ）」を策定し、「地球温暖化」「水の統合的管理」「循環型社会の構築」「食糧・森林の安定的確保」「人獣共通感染症対策」を重点領域として、二〇一〇年までこれらの研究に注力していく方針を立てました。

その間の二〇〇八年には、北海道洞爺《とうや》湖《こ》町で「Ｇ８北海道洞爺湖サミット」が開催され、これに合わせて札幌でも「Ｇ８大学サミット」が開かれました。このとき「札幌サステイナビリティ宣言」を採択し、北大からは当時の佐伯浩《さえきひろし》総長が出席し署名しています。この宣言は、サステイナビリティの実現のために大学が果たすべき責務とそれらを達成するための具体的な取り組みについて述べたもので、以下の三つの観点が特徴です。一つ目は、当然のことながら大学は教育と研究の場であり、これらを通じて解決策を導くというものです。二つ目は、環境のみならず、経済的・社会的アプローチが必要で、みんなで協力していくために知のネットワークを大学が先導して作らなければならないということです。三つ目は、リビングラボ（生きた実験場）としてキャンパスを活用することです。

この宣言の採択後、G8大学サミットの議長だった東京大学の小宮山宏《こみやまひろし》総長（当時）が首相官邸を訪ね、福田康夫《ふくだやすお》首相（当時）に署名を手渡しました。大学ではこのような宣言を採択したので翌週からのG8サミットにも反映させて議論してくださいね、というメッセージを伝えたのです。

グリーン・スマート・サステイナブルキャンパス

寳金総長は就任時の所信表明の際、「北海道大学の『再生』と『発展』のための6つの方針」を示しました（図3）。この方針に沿って設置された検討部会の一つが「SDGs推進検討部会」で、SDGsに関する取り組みを行う組織立ち上げの検討を行いました。また、「グリーン・スマート・サステイナブルキャンパス『比類なき』大学へ」という方針も挙げています。つまり、六つある方針の中の二つがサステイナビリティやSDGsに関連していることになり、今の北大がこれらにいかに力を入れているかがよくわかります。

北大は広大な札幌キャンパスや植物園、研究林（以前は演習林と称していたので、本書では両方の名称を用います）をうまく利用して脱炭素や持続可能なスマート社会を目指す取り組みをしてきました。また、「キャンパスマスタープラン」と連動させ、研究林を含むキャンパス全体を実証実験の場として使い、カーボンニュートラル（二酸化炭素の大気中への排出量と吸収量が等しい状態）でサステイナブルなキャンパスを作る取り組みも実施しています。これらの試みを合わせて「グリーン・スマート・サステイナブルキャンパス」と呼んでいます。

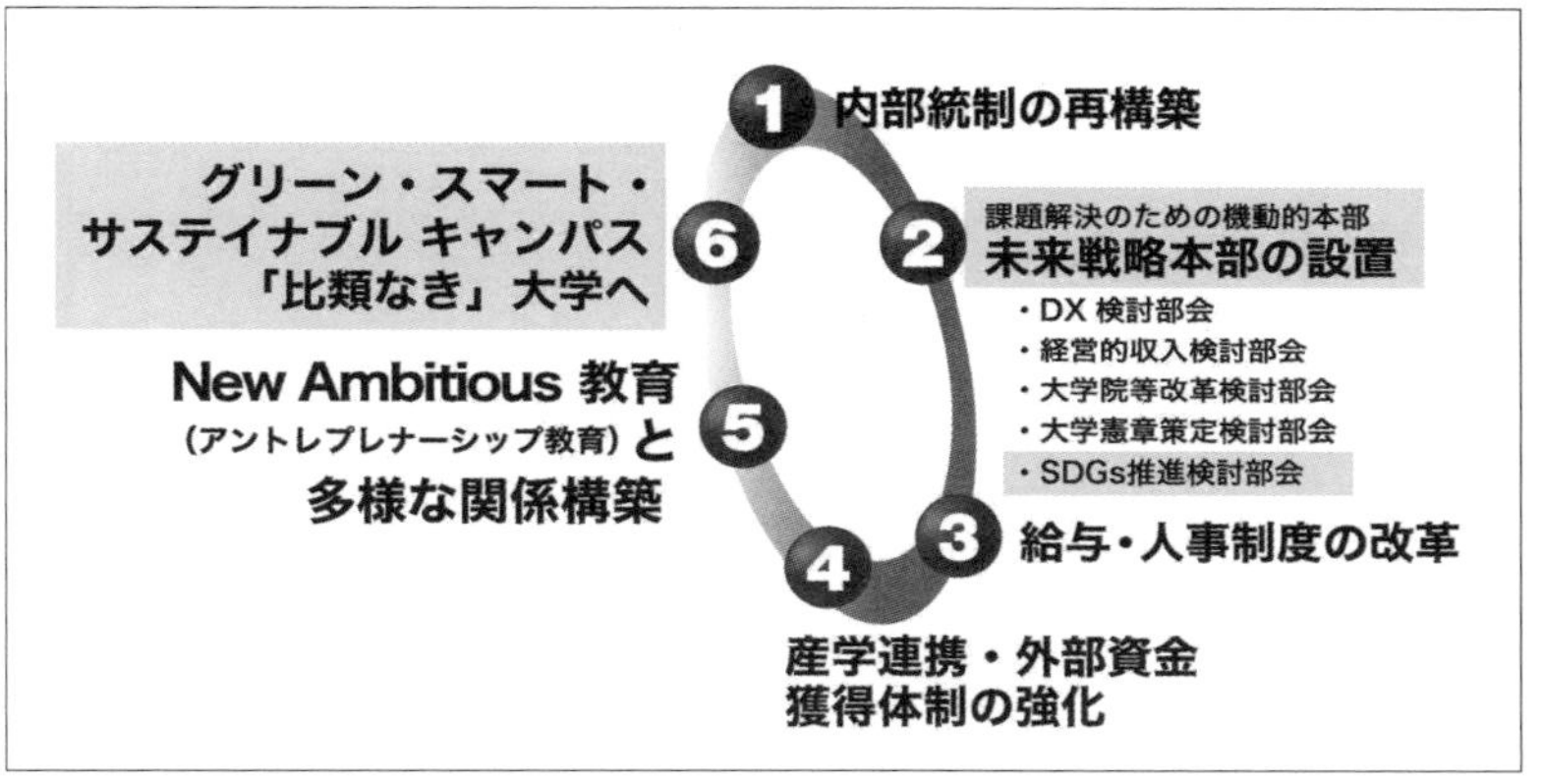

図３　北海道大学の「再生」と「発展」のための６つの方針

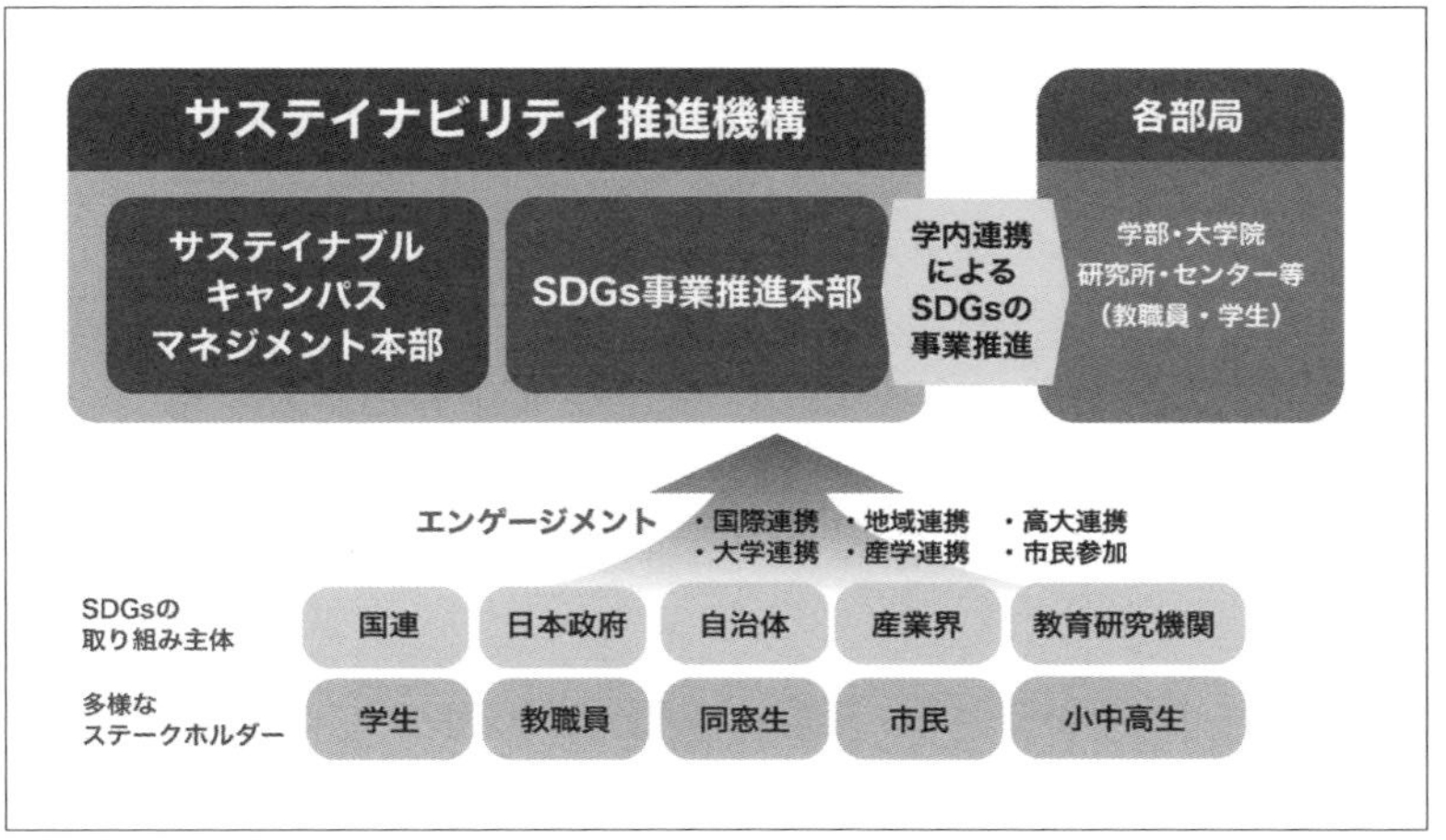

図４　サステイナビリティ推進機構の体制

グリーン・スマート・サステイナブルキャンパスを実現するために二〇二二年八月に「サステイナビリティ推進機構」を設置しました。その下部組織に「サステイナブルキャンパスマネジメント本部」と「SDGs事業推進本部」があります(図4)。前者は施設や環境の整備を担ってきた既存の組織で、そこに併置する形で「SDGs事業推進本部」を新たに発足させました。重要なのは、多様なステークホルダーとのエンゲージメント(深いつながりを持った関係性)なので、さまざまな取り組み主体と連携し、ステークホルダーの要望や意見などを取り入れるようにしています。

大学としての明確なビジョン

以前から北大には、「四つの基本理念」があります。それは、「フロンティア精神」「国際性の涵養」「全人教育」「実学の重視」です。これをさらに膨らませる形で、二〇一四年八月、「近未来戦略150」というプランを立てて、さまざまな世界の課題を解決し、大学としての責任を果たしていくという目標を掲げました。二〇二二年から二〇二七年の六年間は「第四期中期目標計画」に基づいた取り組みを行いますが、そこで「北大の6つのビジョン」を掲げました(図5)。これらのビジョンの最終目標こそがSDGsの達成です。

私は北大の「国際担当」を務めているのですが、二〇二一年一二月に、「二〇四〇年に向けた北海道大学の国際戦略」を策定しました。ここでもやはり、柱となる四つの戦略目標のうちの一つは「サステイナビリティの追求」です。

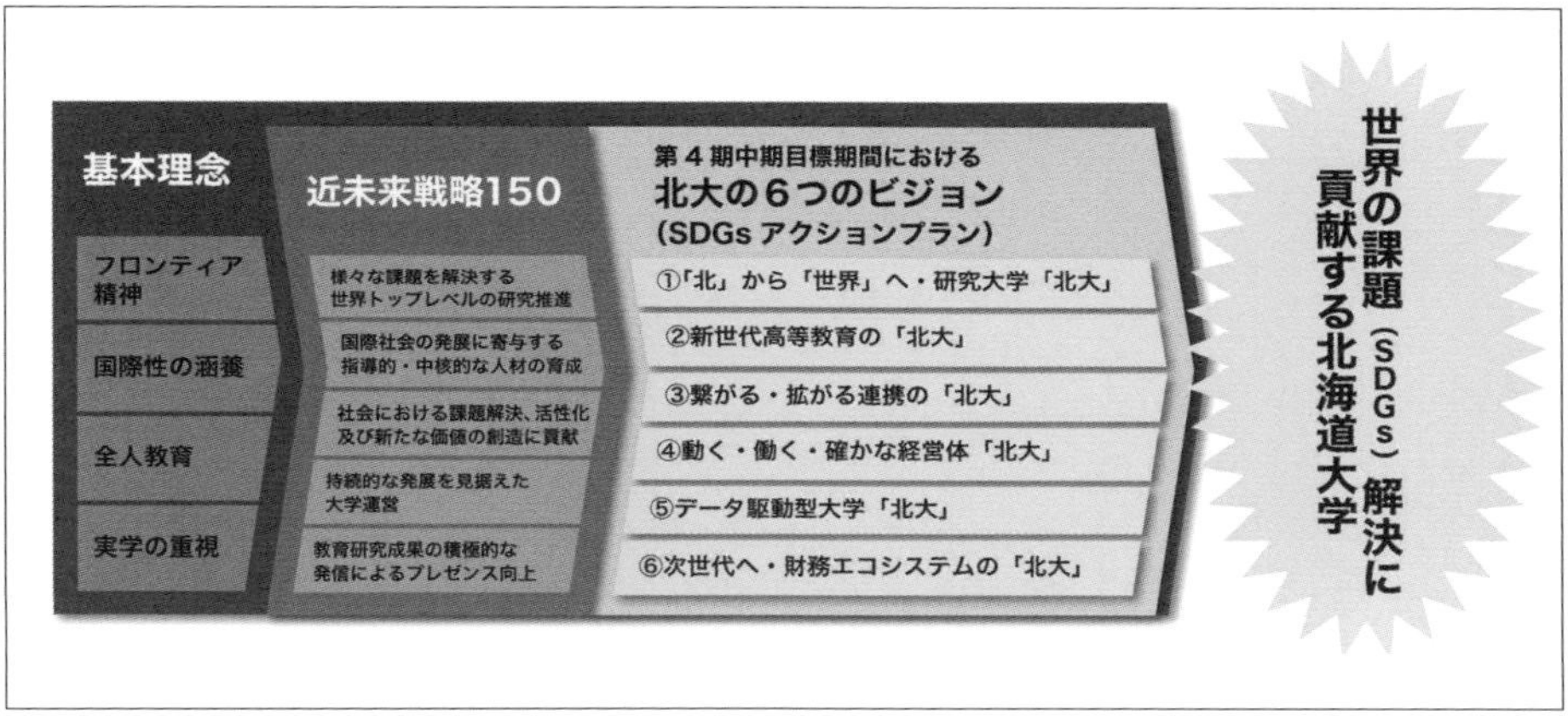

図５　北大の６つのビジョンと基本理念、近未来戦略150の関係

また、同じ時期に、「ダイバーシティ&インクルージョン宣言」（多様性を尊重し、共生を実践する宣言）に基づいて、北大で記念講演会などが連続で行われました。これもＳＤＧｓに深く関わっています。

持続可能な社会づくりに向けた研究と教育の強化週間として関連するシンポジウムやフォーラムを集中的に開く「サステナビリティ・ウィーク」が二〇〇七年から二〇一七年までの一一年間続きました。特に、国連でＳＤＧｓが採択された翌年にあたる二〇一六年は「ＳＤＧｓに貢献する高等教育のあり方」をテーマに開催しました。

このように北大は、「世界の課題（ＳＤＧｓ）解決に貢献する北海道大学」として、さまざまな方向からＳＤＧｓの達成にアプローチしているのです。

第二章

ＳＤＧｓ達成に向けた具体的取り組み

新渡戸氏の意志を継いで

北海道大学は二〇一四年からの一〇年間、国の「スーパーグローバル大学創成支援事業」に採択され、その実行計画である「ＨＵＣＩ構想」（北海道ユニバーサルキャンパスイニシアチブ）に基づいて改革を進めています。このＨＵＣＩ構想はガバナンス面とシステム面、教育面の三方向からの改革を計画したものですが、ここでは四つの教育改革プラン「国際大学院」「ＮＩＴＯＢＥ教育システム」「ラーニング・サテライト」「サマー・インスティテュート」を紹介します。

北大の国際大学院の一つに、農学の力を結集して作った「大学院国際食資源学院」があります。食資源の危機に立ち向かう国際的リーダーを養成することを目的とし、授業は少人数制ですべて英語で行っています。こうした授業形態から〝札幌農学校の再来〟と言われることもあります。

ＮＩＴＯＢＥ教育システムは、北大出身者で国際連盟事務次長を務めた新渡戸《にとべ》稲造《いなぞう》氏の名を冠した教育改革プランで、主軸は学生向けの「新渡戸カレッジ」という六年制の特別教育プログラムです。このプログラムで得た単位は卒業要件には入っていません。リーダーシップを発揮して世界に貢献できるグローバル人材を育成する目的で設置され、海外留学を修了要件とし、経験豊富な卒業生と接することでさまざまな知恵を授けます。とりわけ大学院生向けのプログラムでは、チーム学習を基本として留学生を含むさまざまな専門分野の仲間とある課題に対する解決策をみんなで相談して作るアクティブラーニング（能動的学習）を行っていて、ＳＤＧｓに関わる講義もたくさんあります。この仕組みは、新渡戸氏が開いたプライベートスクール「遠友夜学校《えんゆうやがっこう》」（北大の教員や学生が運営した、昼間に通学できない子どものための学校。一八九四年に開校し、五〇年後の一九四四年に閉校した）を模していると考えられます。ＳＤＧの四番「質の高い教育をみんなに」に直結しているほか、五番の「ジェンダー平等を実現しよう」や、一〇番「人や国の不平等をなくそう」にも通じていると言えるでしょう。

新渡戸稲造・メアリー夫妻
（北海道大学大学文書館所蔵）

ところで、こうしたプログラムにはやはり意識の高い学生が集まるため、学生同士が刺激しあい、協力して起業コンペに参加する例もあります。「Hult Prize」はアメリカのビジネススクールと国連がタイアップして開催している世界最大の学生起業アイデアコンペで、ＳＤＧｓに関連したテーマが毎年設けられます。二〇一九年には、北大の理学部、工学部、水産学部の学生がチームを作り、アフリカの内陸で魚の養殖をするというアイデアでコンペに参加し、好成績を収めました。食料生産に結びつけて、持続可能な水産養殖の施設や人的ネットワークを作り、雇用を確保することで、地方の若者にとって働きがいのある社会作りに貢献しようというものです。メンバーの中にアフリカからの留学生もいたので、そのようなアイデアが生まれたのだと思います。アジアの地区予選で優勝し、イギリスで世界各地のチームと競いました。

SDGsを学ぶカリキュラム

「Hokkaido サマー・インスティテュート」は、いわゆるサマースクールのことです。外国から教員を招聘《しょうへい》して、日本の教員と一緒に学生に教えてもらい、その際、日本の学生と海外の学生が共修することで学生たちの国際化を図るというものです。開講数は、二〇二一年（実施期間：六月一日〜一〇月三〇日）が一五七科目で、コロナ禍でオンラインでの開講になっても数は減りませんでした。この中にはSDGsに関わるさまざまな教育プログラムやメニューがあります。たとえば、「脱炭素社会」や「気候変動」、「感染症」「多様性」「アントレプレナーシップ」（起業家精神）「ワンヘルス」（人や動物、環境の健康は相互に関連していて一つであるという考え方）などに関わる科目です。なお、国内外の学生・社会人の履修が可能です。

一方、卒業要件に関わるカリキュラムの中で開講されている全学教育科目（教養科目）や専門科目、共通科目の中にはSDGsに関する科目があります。全部で一万二〇〇〇ほどの授業の中で、SDGsに関する科目は二〇一六年には一つしかありませんでしたが、二〇二二年には一八二に増えています。また、持続可能性やサステイナビリティに関する科目は、もともと六九あったものが二〇二二年には二一六になり、こちらも増えていることがわかります。

二〇二二年から高校の指導要領が変わりＳＤＧｓに関する学習が始まったため、その三年後には〝ＳＤＧｓネイティブ〞の高校生が大学にやってくることになります。彼らが大学でがっかりしないよう、ＳＤＧｓをより深く学ぶことのできる科目を今後も開発しなければなりません。サステイナビリティ推進機構やＳＤＧｓ事業推進本部が、ＳＤＧｓの体系的教育や〝展開力〞を身に着けるための新たなカリキュラムを開発する必要があるのです。

また、リカレント教育（就職後も必要なタイミングで再び教育を受け、仕事と教育を繰り返すこと）や高大連携（「高校」と「大学」が連携する取り組み）などを行う計画もあります。ＳＤＧｓを体系的に学ぶ講義の開発は、二〇二二年から少しずつ環境を整えて二〇二四年から実際にシラバスに載せるというスケジュールで進んでいます。学部と大学院のそれぞれのレベルで体系的に学ぶことができるよう準備を進めているところです。現在は、夏のオープンキャンパスや入試説明会で、高校生向けに北大の教職員によるＳＤＧｓをテーマとした模擬講義の動画を提供しています（https://yumenavi.info/portal.aspx?CLGAKOCD=03450&p=hokudai_SDGs）。

それから、ＵＮＵ－ＩＡＳ（国連大学サステイナビリティ高等研究所）が二〇二〇年に設立した「国連大学ＳＤＧ大学連携プラットフォーム（ＳＤＧ－ＵＰ）」では、「国連ＳＤＧｓ入門」という八回分のオンライン授業を各大学が得意とするテーマで作っています。北大は第三回の「環境・持続」の授業を担当しています。ノーベル賞を受賞した眞鍋淑郎《まなべしゅくろう》さんの共同研究者だった山中康裕《やまなかやすひろ》教授が気候モデルについて解説しています。また、

表3 「THEインパクトランキング2022」における北大のSDG別ランキング

SDG	世界順位	国内順位	スコア	参加大学数(世界)
2番「飢餓をゼロに」	1	1	91.4	553
14番「海の豊かさを守ろう」	17	2	89.0	452
15番「陸の豊かさも守ろう」	18	1	90.0	521
17番「パートナーシップで解決しよう」	12	1	97.7	1438

北極域研究センターの野村大樹《のむらだいき》准教授が北極域でのさまざまな活動——たとえば、船に乗って海外の研究者とともに海や氷に含まれる温室効果ガスを解析するなどといった活動を紹介する動画もあります。他の大学もそれぞれの立場で興味深い授業を行っていて、二〇二二年四月よりこれらのコンテンツを作成大学間で試験的に活用しています。

二番「飢餓をゼロに」

北大がTHEインパクトランキングでとりわけ高評価を得た取り組みについて、SDGsの目標ごとに紹介します。日本の大学は、九番の「産業と技術革新の基盤をつくろう」が全体的にスコアが高いので、それ以外で高評価だったものを中心にみていきます(表3)。

まずは、SDGの二番の「飢餓をゼロに」です。二〇一九年度以降、北大は常に国内一位でしたが、世界一位を獲ったのは二〇二二年度が初めてです。

評価された点の一つは、「学生の食料不安・飢餓に対する取り組み」です。たとえば、コロナ禍で学生の雇用機会が減ったことなどを受けて、農学同窓会ではカンパを募って学生たちに牛乳とお米を配り、大学全体でも学務部学生支援課が支援金を配りました。

また、「地域の生産者へ食糧安全保障や持続可能な農業・漁業に関する知識・技術等の提供」「地域の生産者が交流・情報交換するイベントの提供」「地域の生産者等から優先的に購入することで持続可能な農業を促進」という点も評価されたポイントです。「北大マルシェ」は実際に生産者と消費者が交わることを大学院農学院の授業科目として行っているもので、学生も主体的に動いています。また、ＡＩや５Ｇを用いた農業用ロボットの改良を行っていることも、大学からの技術提供ということで評価されました。

また、現場ニーズに基づいた次世代農林水産工学技術を開発するためのプラットフォーム「ロバスト農林水産工学国際連携研究教育拠点」での活動が挙げられます。ここでは、大学や試験場、企業、研究機関、自治体、そして生産者が集まり、農業・水産業・林業の技術情報交換や関連組織のマッチングが行われています。

一四番「海の豊かさを守ろう」

北大が世界一七位になった一四番の「海の豊かさを守ろう」では、「海洋と海洋資源の保全および持続可能な利用の推進に向けたイベントや教育プログラム」が評価されました。

代表的な取り組みとしては、海と生き物を学ぶオンライン教材のサイト「ＬＡＳＢＯＳ」での学生や一般に向けた講義の配信、「海と日本ＰＲＯＪＥＣＴ」のサポートプログラムとして全国各地での中高生向けの体験イベント（マリンラーニング）の開催、北大水産学部附属の練習船「おしょろ丸」による活動が挙げられます。

また、水産学部の持つ臨海実験所では、地元の小中学生に体験学習の機会を提供し、水産や海洋に関する興味を次世代につないでいます。こうした学外に対するアウトリーチが評価され、二〇二二年度から特にスコアが高くなりました。

おしょろ丸を活用した北極域から北海道沿岸における各種実習を通して、理論だけではない水産学の知識と技術の習得を目指すとともに、海洋環境や海洋生物、海洋のプラスチックごみなどのモニタリングも他の船と協力しながら行っています。長年にわたる表層水温などのモニタリングが評価され、二〇二〇年度には国土交通大臣賞を受賞しています。

一五番「陸の豊かさも守ろう」

一五番の「陸の豊かさも守ろう」では、北大は世界一八位、国内一位になりました。研究林などを活用した「陸上生態系の保護、土地の保全と持続可能な利用」の促進に関する国際シンポジウムの開催、「生態系や農業と観光のための持続的土地管理に関する教育」が評価されました。また、キャンパスマネジメントの一環として、生態環境の保全に関する方針を先述のキャンパスマスタープランで明確に定めていることも評価されています。

具体的な取り組みの一つに「北の森林《もり》プロジェクト」があります。これは、除伐や苗木の植え付けによって森林を再生させ、生物多様性・生態系の保全を図る取り組みです。これまで教職員による公開実習や調査データの提供、研究林利用の受け入れを行い、学外とも連携した森林保全の活動を展開してきました。特に、カーボンニュートラルにもつながる森林の二酸化炭素吸収量の測定研究が進み、精密な測定ができるようになっています。北大が測定したメタンガスや二酸化炭素などのデータは国際コンソーシアムに常時送られているので、データ収集への貢献という面でも評価されています。

また、ワイン産業の振興を目的として北海道と設立した「北海道ワインバレー」にも注目が集まっています。このワインバレーは、北海道が立ち上げた「北海道ワインプラットフォーム」と、ワイン製造に関する土壌学や微生物学など専門的な教育・研究の拠点となる「北海道ワイン教育研究センター」の二本柱で成り立っています。二〇二四年にはセンター棟が完成し、社会人向けに公開講座を始めるほか、一般の方がワインを飲める交流の場としても利用する計画です。食産業や観光などの活性化に結び付く実学と言えるでしょう。

一七番「パートナーシップで目標を達成しよう」

同じく北大が国内一位になった一七番「パートナーシップで目標を達成しよう」では、「政府または地域等のＳＤＧ政策への関与、提言」が評価されました。

普段はあまりクローズアップされませんが、北大の数多くの教職員が地方自治体や国の審議会に出席し活躍しています。また、大学も含め日本の大きな事業所は「環境報告書」を作らなければならないことが法律で決まっています。北大ではこれを二〇二一年から「サステイナビリティレポート」と名づけ、充実させた内容にしています。この報告書が以前から年度ごとに作られてきたため、THEインパクトランキングに提出する、ごみや電力に関するさまざまな設問にも的確に答えることができています。

また、国際的にも地域的にもさまざまなコンソーシアムに関わっています。「IUCA」（気候変動に関する国際大学連盟）にも発足時から加盟しています。これは二〇二〇年四月にオーストラリアのニューサウスウェールズ大学が発起人となり発足した連盟で、世界中の主要な大学が加盟しています。北大は気候変動に関する研究実績があるため加盟の誘いを受けたのだろうと思います。

さらに国内での連携もあります。北大は先ほど紹介した国連大学が設立したSDG－UPに参加し、「マネジメント層分科会」でSDGs推進において大学マネジメント層が目指すべきことや役割について考えたり、「カリキュラム分科会」で他の一一大学と協力し先ほど紹介した「国連SDGs入門」というオンライン教育コンテンツを作成したりしています。

また、国が二〇五〇年までのカーボンニュートラルの実現を掲げたことを受けて、文科省、環境省、経産省の主導のもと、大学がその社会変革の原動力となるべく、全国の大学や高専や研究機関が参加して、カーボンニュートラル実現に向けたネットワーク「カーボンニュートラル達成に貢献する大学等コアリッション」が作られました。大学間でのさまざまなグッドプラクティス（優れた取り組み）に関する情報や知恵を共有し相談しあう仕組みです。一八五の組織が参加しており、北大はその運営に重要な役割を担っています。

北海道とは二〇二一年四月に包括連携協定を結んでいて、連携・協働の取り組みの一つに「SDGsの推進」があります。その一環として、年に一回、北海道が行う「ＳＤＧｓ×北海道セミナー」を共催しています。二〇二二年度は基調講演として、「北大マルシェ」を主導している大学院農学研究院の小林国之《こばやしくにゆき》准教授が「農村づくりとＳＤＧｓ」というテーマで講演しました。

それからＳＤＧｓに関する情報発信として、二〇二〇年に特設サイト「北海道大学×ＳＤＧｓ」を設置し、北大の公式サイトにもリンクを貼っています（https://sdgs.hokudai.ac.jp/）。

地球環境科学で気候変動に対策を

最後に、これまで述べてきた番号以外のＳＤＧに関する取り組みについて簡単に紹介します。

まずは、一三番の「気候変動に具体的な対策を」です。北大は今回二〇一～三〇〇位でした。昨年（二〇二一年）は三〇〇番台だったので改善はしています。

北大は地球環境科学を得意分野としています。熱帯から極域まで世界の空と海と陸を対象とした研究を推進しており、「地球環境科学研究院」「低温科学研究所（低温研）」「北極域研究センター」が非常に活発に動いています。

たとえば、北海道がオホーツク海に面していることから、北大低温研は流氷の観測所も所有しています。北海道のオホーツク海側は、凍る海としては世界で緯度が最も低いことがわかっています。極域で海が凍るのは当たり前ですが、北緯四〇～五〇度で凍るのは北海道のオホーツク海側だけなのです。ということは、北海道のオホーツク海側の氷を見れば、温暖化がどれほど進んでいるのかがすぐにわかるということです。海が凍って流氷ができるときには水だけが凍るため、海水中に溶けていたものは氷の外へ出ます。すると、氷ができると同時に海水は重くなって下に沈んでいくのです。そうして養分の多い海水が水深一〇〇〇メートルぐらいまで沈み、それによって魚や昆布がよく育ちます。すなわち流氷は漁業、水産資源にも大きく影響しているのです。

また、低温研からは南極の越冬隊長を輩出しています。水没する島がテレビでもよく取り上げられていますが、地球上の淡水の七割を占める南極の氷が溶けると海水面が上がります。低温研で行っているのは、簡単に言えば、「どうして氷が溶けるのか」という研究で、棚氷と言われる四〇〇メートルぐらいの厚い氷に穴をあけてその下の様子を観察しているようです。

それから、宇宙については、北大は超小型衛星を開発しています。安価なので、一気にいくつもの衛星を宇宙に放つことで一日に何度もデータをとることができるようになります。たくさんの衛星を通して畑の病害の様子を観察したり、雲を高感度で観測することで台風やゲリラ豪雨の予測に役立てようとしたりしています。また、東南アジアの国々からきた留学生たちと一緒に開発することで海外にもこの技術を展開し、衛星の共同運用のためにこれらの国々の大学や機関からなるコンソーシアム(共同事業体)を作っています。今後はこうしたところも北大の強みとして示していきたいと思っています。地球環境科学については観察を重視する農学校時代からの流れがあるとも言えるでしょう。非常に過酷な自然環境における難しい観察をいとわずできるのは、やはり北大の強みです。

農林水産業で地域とともに

農林水産については、二〇二一年の夏に内閣府の「北海道プライムバイオコミュニティ」に採択されました。北海道の農業・水産業・林業について、地方自治体や大学、企業が集まり、バリューチェーン（すべての企業活動を価値の連鎖として捉える考え方）をもって、生産・加工・流通・消費を行う仕組みを整備したのです。北海道で一次産業を中心にバイオ関連市場を活性化させることが目的です。

プライムバイオコミュニティに採択されて〝共創の場〟となったことで、ＪＳＴ（科学技術振興機構）からも研究資金を得ることができました。酪農で問題となる牛の糞をメタン発酵させてメタンガスを作り、生じたメタンからプロパンを作る北大発の技術を用いてより取り扱いのしやすいＬＰＧ（プロパンガスを液化したプロパン）に変え、これを燃料として流通させ、ＬＰＧトラクターの燃料や陸上養殖に活かすだけでなく、家庭やオフィスでも使おうという取り組みも釧路市と共同で行っています。厄介者の牛糞をバイオマス資源として活かして、地域の自立的な経済やエネルギー供給に活用し、地域住民のウェルビーイング（身体的・精神的・社会的に良好な状態にあることを意味する概念）に貢献する取り組みです。

北大は函館に水産学部を置いています。そうした縁から、函館市と北大は地元の企業や水産試験場の協力も得て、内閣府の地方大学・地域産業創生交付金事業というプロジェクトに参加しています。プロジェクトでは、魚類養殖に伴う酸素消費や、発生する二酸化炭素や有機物による環境悪化を、海藻と貝類の養殖と組み合わせることで、酸素の発生と二酸化炭素の吸収、さらに有機物の除去により改善する取り組みをしています。これは、カーボンニュートラルな方法で養殖や海藻の生産を行ってよりよい海洋都市を目指すという壮大な計画の一部で、大きな期待が寄せられています。

第三章

北海道大学を持続可能にする豊かな財産

ここまで見てきたように、近年、北海道大学はＳＤＧｓの面で評価されるようになりました。こうした評価は、創設時から引き継がれている理念や精神、土地の所有や利用に対する考え方があるからこそ得られたものです。そうした有形・無形の財産が北大に定着するまでの歴史を紹介します。

自主・自立・独立のクラーク精神

まずは、札幌農学校の黎明期――ウィリアム・スミス・クラーク氏のいた時代についてお話ししましょう。

明治維新後に開拓使が設置され、主にアメリカから顧問として数多くの外国人が来ました。そのうちの一人、ホーレス・ケプロン氏は、札幌に農学校を作るよう、当時の開拓使長官・黒田清隆《くろだきよたか》氏に提案します。黒田氏はそれを聞き入れて札幌農学校を作ることにしました。札幌農学校は、寒冷地における農業技術の開発と、それを実践する人材を育成することを目的とした学校で、クラーク氏を教頭として招き、一八七六年に開校しました。

当時、クラーク氏はマサチューセッツ農科大学学長を一〇年ほど務めた頃で、招聘《しょうへい》交渉は難航しました。しかし最後はクラーク氏自身の熱意が理事会を動かし、現職の学長のまま一年間の休暇を許され、赴任することとなったそうです。

彼の経歴で特筆すべき点は、マサチューセッツ農科大学学長になる前に南北戦争に従軍したことです。「奴隷解放」を掲げて従軍したクラーク氏は、明治の身分制度から解放されて新しい仕組みの中で学問を志す学生たちに「高邁なる大志」(Lofty ambision)という言葉でエールを送ります。そして「Be gentleman.」(紳士たれ)という言葉に表現される札幌農学校の簡潔な校則、アメリカ独立宣言の精神である「自主・自立・独立」という教え、あるいはキリスト教に基づく「人間愛」「自然や現実に学べ」などの〝クラーク精神〟を、八カ月という短い間で学生たちに伝えました。

ウィリアム・スミス・クラーク
(北海道大学附属図書館北方資料室所蔵)

その後、彼の後継者たちがこうした精神を受け継ぎ、人を作るリベラルな教育――すなわち「全人教育」が作りあげられ、北大の学風や伝統となりました。

独特な全人教育

札幌農学校のカリキュラムは、マサチューセッツ農科大学のカリキュラムを手本にしてクラーク氏が作ったものです。農学の専門を極めるのは当然のことですが、その専門教育に「知育」「徳育」「体育」といった教養を加えた「全人教育」が取り入れられました。

たとえば、**表4**と**表5**は札幌農学校の二年生と三年生のカリキュラムです。濃いアミかけをしているところが教養科目で、全体の約半分を占めていることがわかります。

当時、このようなカリキュラムは他に類をみないもので、普通は専門科目が中心でした。こうして札幌農学校に、独特の学風が育っていきます。クラーク氏が教育や研究に対する態度を説いたのはもちろんのこと、彼の弟子にあたるウィリアム・ホイーラー氏やウィリアム・ブルックス氏らが単に農業技術の修得にとどまらず、自然の観察方法や論理性の理解、研究を行うことの大切さを学生たちに教えました。「標本主義」(実在していたものを丁寧に保存する)に加え、「無骨」や「骨太」といった言葉で表現されるような〝長期的な展望を持って目先のことにとらわれず努力忍耐を惜しまない〟という独特な学風が育まれていったのです。こうした学風が現在の北大の四つの基本理念である「フロンティア精神」「国際性の涵養」「全人教育」「実学の重視」につながり、定着していきます。

〝北大育ての親〟佐藤昌介

佐藤昌介《さとうしょうすけ》氏は、現在の北大の形を作った功績から〝北大育ての親〟と言われています。彼が北大の資産を揃えてくれたおかげで、今も北大には農場や研究林などの豊かな実学のフィールドがあります。

表4　札幌農学校の第2学年のカリキュラム

第1期（前期）		第2期（後期）	
科目	毎週授業時間数	科目	毎週授業時間数
農化学及分析化学	8	三角術及測量	6
植物学	3	定量分析	8
人体解剖及生理学	3	植物学	4
英語	2	農学	2
演説法	2	英語及翻訳	2
農学	4	用器画及実測製図	3
練兵	2	練兵	2
農業実習	6	農業実習	3

表5　札幌農学校の第3学年のカリキュラム

第1期（前期）		第2期（後期）	
科目	毎週授業時間数	科目	毎週授業時間数
機械学	6	天文学及地誌	6
動物学	3	畜産学	3
植物学	3	英文学史	6
果樹栽培	3	造園学	3
英語	4	英和作文及翻訳	2
国語	2	練兵	2
練兵	2	高低測量及製図	3
農業実習	適宜		

いずれも蝦名賢造『札幌農学校―日本近代精神の源流：復刻版』「札幌農学校」復刻刊行会（2011）

佐藤昌介（北海道大学附属図書館北方資料室所蔵）

岩手県花巻市《はなまきし》に生まれ育った佐藤氏は、札幌農学校の一期生として東京から札幌にやってきて、クラーク氏から直接教えを受けます。卒業後は、当時の〝お約束〟として道庁に就職します。その後、彼はアメリカのジョンズ・ホプキンス大学に留学し、「合衆国における土地問題の歴史」について研究し、学位を取りました。そして帰国から間もない一八八六年(明治一九年)、札幌農学校の教授に就任します。当時、札幌農学校はまだ文部省の管轄ではなく、予算の建付がよくない点がありました。佐藤氏は帰国直後から、たとえば開拓使の事業の見直しの際になされた札幌農学校廃止論を撤回させるなどして奔走し、大いに活躍しました。まだ若手だったにもかかわらず北海道庁長官や大臣に向かって自分の意見を述べたところにクラーク精神がよく表れていたと言われています。

その後、東北帝国大学農科大学学長や北海道帝国大学総長を歴任し、一九三〇年までの四〇年間で現在の北大の形を作っていきました。ちょうど、新渡戸稲造氏が外国で活躍している間、佐藤氏が北大を守った形になります。佐藤氏は新渡戸氏の一年先輩にあたります。

アメリカ式の大学運営

佐藤氏の業績においてもっとも評価されるべき点は、アメリカの州立農工科大学の運営方法を札幌農学校に持ち込んで発展させたことでしょう。

マサチューセッツ農科大学は、札幌農学校が設立される一〇年前に設立されました。当時は全米各州に農工科大学が次々に作られていた時代です。その財政支援の仕組みとしてモリル法が制定されました。そしてこれに基づき、連邦政府は各大学に広大な国有地を与え、これを原資として各大学を運営させたのです。つまり、政府は各大学に運営資金を渡す代わりに豊富にあった土地を与えることで、これを財産として大学を運営させたのです。このような大学は land-grant colleges and universities（土地付与大学）と呼ばれています。アメリカの土地利用の問題を研究した佐藤氏はモリル法によるこのような仕組みを札幌農学校の運営に活かしたと考えられます。

農学校であれば農場が必要で、林学も教えるのであれば演習林が必要です。そこで佐藤氏は、北大には教育研究のためのフィールドとしても財産としても土地が必要だとして要請し、国や北海道から広大な土地を付与されました。こうして北大は、明治末期までに八つの農場を、さらに大正元年には余市果樹園を取得したのです。

現在の札幌キャンパスは、もともと札幌農学校の「第一農場」と「第二農場」だった場所に位置しています。

「第一農場」は今も札幌キャンパス内のポプラ並木の方に残っていて、「第二農場」だった場所には今はモデルバーン（模範家畜房。一八七七年に建築され、一九一〇年に移転改築された）があります。

なお、モリル法の流れによる農場や演習林の獲得は、日本の他の国立大学では例がありませんでした。

日本の大学演習林の約六割を所有

北大の演習林は、大正時代までに国内に五カ所、〝外地〟（朝鮮、樺太、台湾）に三カ所が作られ、後者は敗戦時に返還しています。かつてはインドネシアのボルネオにある島一つをすべて演習林にするという計画もありましたが、これもやはり敗戦によって頓挫したそうです。

残った国内の演習林ですが、現在、天塩《てしお》、中川、雨龍《うりゅう》にそれぞれ二万ヘクタール前後を所有していて、合わせると六万ヘクタールを超えます。これに苫小牧《とまこまい》、檜山《ひやま》、そして和歌山県の古座川《こざがわ》町の小さな演習林も含めると約七万ヘクタールです。

北大以外では、東京大学が三万ヘクタール、京都大学や九州大学は一万ヘクタール前後の演習林を持っていますが、これらの大学は、むしろ〝外地〟に広大な演習林を有していました。その他の国立大学の演習林を合わせると総面積は約一三万ヘクタールとなり、北大は日本の大学演習林全体の約六割を所有しているのです。これは国土の〇・二パーセント、だいたい東京都二三区分にあたります。大学が所有している演習林としては、世界でも最大級です。

演習林で資金を工面し総合大学へ

札幌農学校という単科の学校が北海道大学へと総合大学化していく過程を見ていきましょう。

札幌農学校は、一九〇七年（明治四〇年）に東北帝国大学農科大学へと昇格しました。つまり、東北帝国大学の農学部にあたる存在として再始動したのです。当時、一つの帝国大学として承認されるには、今で言う「学部」が最低二つ必要でした。仙台には東北帝国大学理科大学（現在の理学部にあたる）が同時に設置されたので、東北帝国大学は一つの帝国大学として承認を受けることができたのです。

その後、北海道には医者が少なく衛生環境も悪かったため、これを充実させるために医学部（当時は医科大学と呼んだ）を作ることになりました。札幌区の賛同を得て医学部ができると、医学部と農学部を持つ大学として、東北帝国大学から独立する形で北海道帝国大学が一九一八年（大正七年）に設置されました。このとき大学は、農場などの土地をうまく使って学舎を建てるための資金を工面しました。当時、基本的に国は大学に学舎等を設置するための資金を提供しなかったため、大学側が独自に用意しなければならなかったのです。

一九二四年（大正一三年）には国の「高等教育拡張計画」によって工学部が設置されました。このとき、全国的に多くの官立高等学校、高等専門学校が設置され、さらに各帝国大学に学部が増設されたのですが、その中で北大だけ工学部がありませんでした。そのため国が北大にも工学部が必要だと考え、予算が付いてあっという間に工学部ができ、新しい学舎が建てられました。

しかしその後は、学部の増設は大学が自己資金を準備しない限り認められませんでした。佐藤総長は理学部と法文学部の設置を国に要求しますが、なかなか実現しませんでした。しかし一九二五年（大正一四年）になって、文部省は北大理学部設置の予算を付けることを決めます。それは北大が演習林を原資とする自己資金を準備する目処が立ったからでした。当時、今の北海道電力株式会社が水力発電のための貯水池を雨龍演習林のど真ん中に建設することが決まり、北大がその土地と立林の売却益を自己資金とすることで一九三〇年（昭和五年）に理学部ができます。実際、売却益は理学部建設の経費を大きく上回り、理学部の設置費用の五一パーセント（現在の総合博物館の建物の建設費用の一〇〇パーセント）、農学部の改築費用の一〇〇パーセント（木造校舎を現在の時計塔のビルに改築）、病院拡充費用の九二パーセントもその資金から出されました。このように、北大が総合帝国大学へと発展するために、農場や演習林から生み出された資金が役立てられ、その全体経費に占める割合は六割近くに達しました。早い段階から資産獲得のために動いていた佐藤氏の先見の明によって、北海道帝国大学は発展していったのです。

ところで、建設された水力発電所は現在の北海道電力株式会社の雨竜発電所です。雨竜発電所は石狩川水系雨竜川の水を堰《せ》き止め、六・七キロメートルの地下道水路を通じて天塩川水系天塩川へと流れ落とす力を利用して発電する日本初の地下式発電所で、そのダムの規模は、当時国内最大級と言われたほど非常に大きなものです。その堰き止め湖が朱鞠内湖《しゅまりないこ》で、これも日本最大の人造湖です。周辺は朱鞠内道立自然公園に指定され、道北きっての観光・レクリエーション基地として親しまれていますが、その土木工事によって多くの朝鮮人や中国人の労働者が亡くなったことも忘れてはいけない歴史の一面です。今でも彼らの慰霊に関する記事が北海道新聞などの地元紙にはよく掲載されます。

さて、こうして戦前までに、北海道帝国大学には農学部、医学部、工学部、理学部が設置されました。戦後、新制大学へ移行して北海道大学となり、法文学部、水産学部、獣医学部、経済学部……と、学部が増えていきます。ちなみに、もともと農学部には、のちの水産学部にあたる水産学科や、獣医学部にあたる畜産学科第二部がありました。また、農業経済学科の二講座を統合する形でのちに経済学部ができました。

現在、北大は一二の学部と二一の大学院を有しています。学部数は日本の国立大学の中で最多です。その中でも水産学部と獣医学部の存在は、やはり北大の大きな特徴の一つと言えるでしょう。

おわりに——物的財産と知的財産の両輪で

各章で見てきたように、ＴＨＥインパクトランキング２０２２における北大の快挙は偶然ではなく、「北大らしさ」、すなわち北大の強みが可視化された結果であって、ＳＤＧｓの達成に貢献する「素地」を持つ大学として、開学以来これまで歩みを進めてきた北大発展の歴史と深く関係していることがおわかりいただけたと思います。つまり、サステイナビリティの追求やＳＤＧｓの達成は、北大の発展の歴史、物的財産、知的財産、醸成された学風に根ざしていて、札幌農学校開学以来の北大のＤＮＡに埋め込まれているということになります。

図６を見ながら要点を簡潔におさらいしておきましょう。まず、①北大は寒冷地における農業技術の開発と人材育成という目的で札幌農学校として開設されたという設置の趣旨があります。これは、ＳＤＧｓの目標の二番「飢餓をゼロに」に直結します。

次に、②開学にあたって教頭として招かれたクラーク氏の強力なリーダーシップがあります。わずか八カ月半という短期間で、「自由・自主・独立の精神」「高邁なる大志」「紳士たれ」「自然や現実に学べ」などに象徴されるクラーク精神を土台として、マサチューセッツ農科大学のカリキュラムを元にした専門科目と教養科目が融合した他に例を見ないカリキュラムを導入し、開学当初から「全人教育」を実行しました。これはクラーク氏が、農業技術者に止まらない近代日本を牽引する人格者の養成も目指していたためです。また、これを源流とする教育研究の長い実践の中で、独特な学風と教育研究の「4つの基本理念」（フロンティア精神、国際性の涵養、全人教育、実学の重視）が醸成されました。

さらに、③札幌農学校の一期生、佐藤昌介氏の卓越した経営手腕です。佐藤氏はアメリカ留学を経て明治の半ばに札幌農学校校長に就任し、昭和の初めに北海道帝国大学総長を退くまで約四〇年にわたって北大の舵取りをし、「北大育ての親」と称されています。アメリカの農工科大学へ連邦政府が広大な土地を維持資金として与えるモリル法による財政支援の仕組みを札幌農学校の運営に取り入れました。その結果、北大は広大な農場や演習林を保有するに至り、特に演習林は七万ヘクタール、国土の〇・二パーセントを占め、世界最大級を誇ります。この恵まれた資産が実学の教育研究フィールドとして活かされ、食料生産、環境保全、生物多様性、気候変動などのフィールドサイエンスに強みを持つ大学になりました。これらはＳＤＧｓの目標、特に二番「飢餓をゼロに」、一三番「気候変動に具体的な対策を」、一四番「海の豊かさを守ろう」、一五番「陸の豊かさも守ろう」の解決に直結します。また、演習林などの資産を資金源とすることで、札幌農学校は農医工理の四学部からなる総合帝国大学へと発展できました。まさに佐藤氏の先見の明のおかげです。アメリカではモリル法によって設置された大学を「ランドグラントユニバーシティー」（土地付与大学）

と呼びますが、これらは現在、各州のフラッグシップ（旗艦）大学に発展しています。日本にはそのような制度はありませんが、北大は明らかにランドグラントユニバーシティーの流れを組む大学であると言えるでしょう。

そして、④この四半世紀の動きとしては、北大が一九九六年に国立大学の先陣を切って策定したキャンパスマスタープランが挙げられます。その基本理念はサステイナビリティの追求で、キャンパスマスタープランの運用によって緑豊かで美しい札幌キャンパスを創出できています。その札幌キャンパスも、元はと言えば札幌農学校のフィールド資産である第一農場、第二農場です。二〇〇五年には「持続可能な開発国際戦略」が策定され、二〇〇八年にはＧ８大学サミットのホスト大学として「札幌サステイナビリティ宣言」の採択に関わりました。そうした背景を踏まえてＳＤＧｓの達成をビジョンの中枢に据える画期的な方向性が北大で示され、その実行組織としてサステイナビリティ推進機構やＳＤＧｓ事業推進本部が設置され、ＳＤＧｓへの取り組みが大学全体のムーブメントにつながっていきました。

二〇〇四年に国立大学が法人化されて競争的環境が導入された結果、学内の取り組みは基本的にプロジェクトベースになり、補助金や予算が措置されている期間に限られたものになりました。さまざまな取り組みが作られては消え、作

図６　北海道大学の歴史から見るサステイナビリティへの取り組み

られては消えということの繰り返しだったのです。そのような中でも、時々の執行部は本学の特徴を正しく認識し、加速や鈍化の波があったにせよ、サステイナビリティの取り組みを絶やさず継続してきました。

二〇一九年にTHEインパクトランキングが開発されたことからわかるように、今後大学には、サステイナビリティやSDGsの達成を基準とした社会への貢献、すなわち「社会的インパクト」がより一層求められます。気候変動は進み、カーボンニュートラルの達成が待ったなしとなり、ロシアのウクライナ侵攻による世界経済や環境への悪影響など、状況は想定を超えて厳しさを増しています。

こうした困難な世の中をより良くしていくためにも、北大はその原点と発展の歴史を踏まえ、「北大らしさ」を大切にして、これからもサステイナビリティやＳＤＧｓの達成に教育研究を通じて力を尽くしていきたいと思います。それには教職員や学生のみなさんが意識を合わせることと、学外のさまざまなステークホルダーからご協力いただくことが必要ですので、今後ともよろしくお願いいたします。

横田 篤（よこた・あつし）
1957年、東京都生まれ。1984年、北海道大学大学院農学研究科農芸化学科専攻博士後期課程修了（農学博士）後、味の素株式会社中央研究所勤務。1989年、農学部助手として北海道大学に戻り、2000年、大学院農学研究科教授となる。2015〜2019年、農学研究院長。2020年より北海道大学理事・副学長、サステイナビリティ推進機構 SDGs事業推進本部長。

クラークブックス［エルムブックレット１］
北海道大学発展《ほっかいどうだいがくはってん》の歴史《れきし》とＳＤＧｓ《エスディージーズ》

発行日　2023年6月30日 初版第1刷
著　者　横田 篤
発　行　札幌農学同窓会
〒060-0003 北海道札幌市中央区北3条西7丁目 道庁西ビル2階
電話 011-271-4972　FAX 011-271-1336
URL https://www.alumni-sapporo.or.jp/

発　売　有限会社 寿郎社
〒060-0807 北海道札幌市北区北７条西２丁目 37山京ビル
電話 011-708-8565　FAX 011-708-8566
E-mail doi@jurousha.com　URL https://www.ju-rousha.com/
印刷・製本　株式会社プリントパック

＊落丁・乱丁はお取り替えいたします。
＊紙での読書が難しい方やそのような方の読書をサポートしている個人・団体の方には、必要に応じて本書のテキストデータをお送りいたしますので、発行所までご連絡ください。

ISBN 978-4-909281-51-7 C0030

クラークブックス発刊に寄せて

北海道大学は二〇二六年に「創基一五〇周年」を迎えます。前身である札幌農学校は、日本初の学位授与機関――近代的大学――として一八七六年（明治九年）に設置されました。その初代教頭ウィリアム・スミス・クラーク博士の名は「Boys, be ambitious!」（少年よ大志を抱け）という言葉とともに広く知られています。クラーク博士の大学人としての精神《スピリット》は、直接薫陶を受けた農学校一期生の佐藤昌介や二期生の新渡戸稲造らによって引き継がれ、その後も多くの人々が継承・発展させて、「フロンティア精神」「国際性の涵養」「全人教育」「実学重視」という今日の北大の四つの基本理念が形づくられました。

私たち札幌農学同窓会は、一八八七年（明治二〇年）に設立された前身の札幌同窓会の時代から一四〇年に渡って、同窓生間の親睦だけでなく、クラーク博士以来の教育理念に基づく母校の発展をさまざまな面から支える活動を行ってきました。なかでも大事にしてきたのは、「実学重視」の北大の要とも言える市民社会との情報共有や協働です。世界は今、食料問題、環境問題、領土問題、人権問題など、待ったなしの重大な問題に直面しています。近代日本のアカデミズムをリードしてきた北大が四つの基本理念をもってこれらの問題に取り組んでいるように同窓会もまた、母校北大のそうした研究・教育を支援し、市民社会との情報共有や協働を促していきたいと願い、創基一五〇周年を前に「クラークブックス」を発刊することにしました。

クラークブックスの中のブックレットシリーズとしては、かつての札幌農学校演武場であった現・札幌市時計台での講演を中心に扱う「時計台ブックレット」、新渡戸稲造関係の講演を中心に扱う「新渡戸ブックレット」、その他の農業・農学および北海道大学の研究・教育活動全般に関わる内容を扱う「エルムブックレット」の三種を発行していきます。

なお、札幌農学同窓会は、学生や教員とともに北大や同窓会の情報を発信する「さっぽろ農学校」という取り組みを二〇二一年度に始めました。クラークブックスもその活動の一環として、学生たちが中心となり企画・編集作業などを行っています。

北大関係者を含む広範な市民の方々とともに、ものごとを全体的に、歴史的に、かつ面白く、楽しく考えていくために、札幌農学同窓会は私たちのできる貢献をしていきます。改めて「ビー・アンビシャス」を胸に――。

二〇二三年六月

一般社団法人 札幌農学同窓会